AF462260

Lh
1048

LA

PRISE D'AREZZO

(1384)

PAR ENGUERRAND VII

SIRE DE COUCY

PAR

Paul DURRIEU
Archiviste paléographe,
Membre de l'École française de Rome.

PARIS

1880

LA

PRISE D'AREZZO

(1384)

PAR ENGUERRAND VII

SIRE DE COUCY

PAR

Paul DURRIEU
Archiviste paléographe,
Membre de l'École française de Rome.

PARIS

1880

Lk 5 1048

Extrait de la *Bibliothèque de l'École des chartes*,
tome XLI.

A MON CHER MAITRE

MONSIEUR L'ABBÉ EL. SIMON

HOMMAGE DE RECONNAISSANCE

ET DE RESPECTUEUSE AFFECTION.

LA PRISE D'AREZZO

PAR

ENGUERRAND VII, SIRE DE COUCY,

EN 1384.

Enguerrand VII, le dernier des membres de l'illustre maison de Coucy qui ait porté le titre de *sire de Coucy,* est assurément l'une des plus grandes figures de notre histoire nationale pendant la seconde moitié du XIVe siècle. Gendre du roi d'Angleterre Édouard III, allié à toutes les familles souveraines, il joue comme homme de guerre et comme diplomate un rôle prépondérant : son nom se trouve mêlé à la plupart des hautes questions politiques qui sont alors débattues ; les missions les plus délicates, les commandements les plus périlleux lui sont confiés. On le voit parcourir avec gloire les champs de bataille de l'Europe entière, s'illustrant en Écosse, en Flandre, en Allemagne, en Italie et jusqu'en Afrique, avant d'aller mourir prisonnier des Turcs en Asie-Mineure. Sa valeur et son habileté sont encore rehaussées par la grandeur de son caractère : il sacrifie ses intérêts au désir de servir son roi, en renonçant à tous les avantages que lui assurent ses liens de parenté avec la famille royale d'Angleterre, et donne un magnifique exemple de désintéressement en refusant, à la mort de du Guesclin, l'épée de connétable de France, dont il trouve Olivier de Clisson plus digne que lui.

Une vie si bien remplie aurait dû, semble-t-il, attirer l'attention et appeler les recherches des érudits. Il n'en est rien. Tandis que ses compagnons de gloire ont été l'objet de travaux plus ou moins étendus, l'histoire d'Enguerrand VII est restée dans l'ombre ; on en est réduit, si l'on veut étudier les exploits de ce grand capitaine, aux notices qui lui sont consacrées dans les ouvrages d'ensemble sur la maison de Coucy, tels que ceux de Jovet, dom du Plessis, Du Chesne, etc.[1] ; et ces notices, généralement assez courtes et souvent copiées les unes sur les autres, présentent toutes de nombreuses et graves lacunes.

Déjà en 1754, à l'Académie des Inscriptions et Belles-Lettres, le baron de Zurlauben signalait les erreurs et les omissions qu'il y avait relevées et communiquait un mémoire étendu sur l'expédition d'Enguerrand de Coucy en Alsace et en Suisse de 1375 à 1377[2]. Mais, quoiqu'il renferme un abrégé de la vie d'Enguerrand, ce mémoire n'est important que pour les relations du sire de Coucy avec l'Allemagne, et, de même que les travaux cités plus haut, il ne fait qu'effleurer bien des particularités remarquables de son existence.

Parmi ces épisodes de la biographie d'Enguerrand VII, la prise d'Arezzo en 1384 n'est pas un des moins curieux et des moins dignes d'attention. Les différents auteurs qui en ont parlé en quelques lignes se sont bornés à reproduire les relations des chroniqueurs italiens, commettant parfois des erreurs de noms et de dates encore répétées de nos jours[3]. Cet événement méritait cependant une étude moins superficielle, car le tableau qu'il présente et surtout les documents qui s'y rattachent en font une page intéressante et neuve des relations entre la France et l'Italie pendant le XIVe siècle.

I.

La reine de Naples Jeanne Ire, se trouvant sans héritier direct après quatre mariages successifs, avait adopté en 1380, à l'insti-

1. Voir pour la prise d'Arezzo : Jovet, *Histoire des anciens seigneurs de Coucy*, 1682, p. 88. — Dom Toussaints du Plessis, *Histoire de la ville et des seigneurs de Coucy*, 1728, p. 95 et 122. — A. Du Chesne, *Histoire des maisons de Guines et de Coucy*, 1631. — Fr. de l'Alouète, *Traité des nobles, avec une histoire de la maison de Coucy*, 1577, p. 184, etc.

2. *Histoire de l'Académie des Inscriptions*, t. XXV, p. 168. — *Bibliothèque militaire, historique et politique*, par le baron de Zurlauben. Paris, 1760, t. II, p. 146.

3. Ainsi la confusion d'Arezzo avec Durazzo, faite déjà par l'Alouète et souvent répétée depuis.

gation du pape d'Avignon, Clément VII, son cousin Louis de France, duc d'Anjou, fils du roi Jean le Bon.

Malgré son titre de duc d'Anjou, Louis de France ne pouvait invoquer que des liens de parenté assez éloignés avec la dynastie angevine qui régnait depuis plus d'un siècle sur le midi de l'Italie. Son arrière-grand'mère, Marguerite de Sicile, qui avait apporté en dot à son mari, Charles de France, comte de Valois, le comté d'Anjou, plus tard érigé en duché, était, il est vrai, la fille aînée du roi de Naples Charles II[1]; mais, en ligne masculine directe, il fallait remonter jusqu'au père de saint Louis pour retrouver une commune origine.

Or il restait un dernier descendant mâle du fondateur de la monarchie angevine, Charles d'Anjou, duc de Durazzo, issu d'un fils cadet du roi Charles II. Ses droits étaient loin d'être absolument indiscutables, puisque les femmes pouvaient succéder au trône de Naples. Néanmoins, il n'hésita pas à prendre les armes pour les défendre dès qu'il apprit que Jeanne, en désignant elle-même son héritier, détruisait à jamais toutes ses espérances.

Les partisans de la reine furent battus ou gagnés ; elle tomba elle-même entre les mains de son adversaire, et le duc de Durazzo vainqueur fut, le 2 juin 1381, couronné roi sous le nom de Charles III. Quelques mois plus tard on apprit que, pour assurer sa victoire, il avait fait étouffer la reine prisonnière au château d'Aversa, sous prétexte de punir le meurtre de son premier mari, André de Hongrie, étranglé en 1345[2].

Le duc Louis d'Anjou prit alors, lui aussi, le titre de roi de Sicile et de Jérusalem, bien décidé à venger sa mère adoptive et à faire triompher ses prétentions de légitime héritier des princes angevins. Le pouvoir dont il jouissait en France comme tuteur de son neveu, le jeune roi Charles VI, lui permit de lever des troupes et de se procurer des sommes importantes. Il eut bientôt organisé son armée, et, se mettant à la tête de ses soldats, il pénétra, au mois de juin 1382, dans le royaume de Naples, après avoir traversé toute la Péninsule le long des bords de l'Adriatique.

1. Marguerite de Sicile épousa, le 16 août 1290, son cousin Charles, fils du roi Philippe le Hardi, comte de Valois et d'Alençon, et fut mère du roi Philippe VI de Valois.

2. La participation de la reine Jeanne au meurtre d'André de Hongrie est restée pour les historiens napolitains un point fort douteux et encore discuté.

Les rivalités politiques qui divisaient l'Italie donnèrent à la lutte qui s'engagea plus de gravité que n'en comporte d'ordinaire une simple querelle de prétendants. Tandis que le pape d'Avignon et ses partisans embrassaient la cause de Louis d'Anjou, le pape de Rome, Urbain VI, et ses adhérents se déclarèrent ouvertement pour Charles de Durazzo, formant une sorte de ligue nationale destinée à repousser par la force les candidats de la France à la tiare ou à la couronne de Naples. C'était, sous une forme nouvelle, la continuation des grandes querelles entre Guelfes et Gibelins. Républiques ou petites principautés, tous les états d'Italie s'y trouvaient plus ou moins directement intéressés : tous suivirent avec attention cette mémorable guerre qui pouvait, en substituant à la descendance de Charles Ier d'Anjou une autre branche de la maison de France, terminer du même coup le grand schisme d'Occident [1].

Le succès favorisa quelque temps le duc d'Anjou. Charles de Durazzo fut vivement pressé et perdit quelques places importantes. Mais les effets meurtriers du climat vinrent arrêter les progrès des troupes françaises. Une terrible épidémie qui enleva le comte de Savoie, allié du duc, décima l'armée et réduisit tellement l'effectif des combattants qu'en 1384, moins de deux ans après avoir franchi les limites du royaume et sans avoir même subi d'échec, Louis d'Anjou se trouva dans une situation des plus compromises. Plus de soldats, plus d'argent pour en engager d'autres.

Dans sa détresse, il recourut à ses frères, les ducs de Berry et de Bourgogne, régents de France, implorant un secours immédiat.

Les intérêts en jeu étaient trop importants pour que ce pressant appel ne fût pas entendu. Des renforts ayant été promis, les deux ducs mirent autant d'activité à préparer l'expédition que de soin à chercher, pour la diriger, le plus capable des capitaines. Il était bon que le chef désigné eût une certaine connaissance du pays et fût au courant de la situation des partis en Italie. Dans ces conditions, le choix d'Enguerrand VII, sire de Coucy, comte de Soissons et de Bedford, s'imposait pour ainsi dire. L'illustre

1. On rencontre dans les registres des lettres de la République florentine, conservés aux Archives de Florence, de fréquents témoignages des préoccupations que causait en Toscane la guerre de la succession de Naples.

guerrier avait, en effet, passé plusieurs années au-delà des Alpes à défendre les droits du Saint-Siège contre les ambitieux empiètements des Visconti. Il s'y était trouvé en rapport avec nombre de princes ou de personnages influents, et ses succès répétés avaient rendu sa vaillance et son habileté célèbres dans toute la Péninsule[1].

Toujours prêt à se charger des missions les plus lointaines, Enguerrand de Coucy accepta de grand cœur le commandement qui lui était si honorablement offert[2].

Avec Enguerrand partirent l'évêque de Beauvais, Milon de Dormans[3], et Louis d'Enghien, comte de Brienne et de Conversano. Tous deux allaient rejoindre le roi Louis, le premier, pour lui apporter le concours de son expérience, le second, pour revendiquer les droits qu'il tenait de sa mère, héritière des ducs d'Athènes[4].

Parmi les officiers, on distinguait un chevalier lyonnais, Vital de Cays[5], et deux anciens lieutenants du sire de Coucy en Picardie : Charles de Hangest, seigneur de Catheu et de Lusarches, et Mathieu d'Humières[6].

Quant aux troupes placées sous leurs ordres, elles formaient

1. Du Chesne, p. 266. — Froissart, liv. I, chap. 616, éd. Buchon.

2. Froissart, liv. II, chap. 221.

3. L'évêque de Beauvais était fils du chancelier Guillaume de Dormans ; négociateur habile, il reçut en 1383 la garde des sceaux de France, à laquelle il renonça pour se rendre en Italie.

4. Froissart, l. c. — *Gallia christiana*, IX, 754. Par sa mère, Isabelle de Brienne, Louis d'Enghien était neveu du célèbre duc d'Athènes, Gautier VI.

5. Ce chevalier appartenait vraisemblablement à la famille provençale de Cays, dont le chef, Jacques de Cays, fut, sous Charles Ier d'Anjou, amiral des mers de Nice, et dont plusieurs membres se distinguèrent au service de la seconde maison d'Anjou.

6. Tous deux, au mois de juillet 1380, servaient en Picardie sous les ordres du sire de Coucy : Charles de Hangest avec un chevalier et quatre écuyers, Mathieu d'Humières avec cinq écuyers (Bibliothèque nationale, collection Clairambault, n° 57, f° 4355, et n° 60, f° 4649).

Ch. de Hangest est en 1389 qualifié de chambellan du roi, sénéchal de Beaucaire et de Nîmes (Bibl. nat., Pièces originales, vol. 1474, n° 200). — Mathieu d'Humières devait quelques années plus tard, en 1393, retourner à Florence comme ambassadeur du roi Charles VI (Arch. de Toscane, à Florence, Signori, Carteggio, Missive, Reg. I. Cancell. n° 22, f° 103 v°. — *Lettre au roi de France* du 17 avril 1393).

Vital de Cays, Mathieu d'Humières et Ch. de Hangest négocièrent, comme on le verra plus bas, la cession d'Arezzo aux Florentins.

une véritable petite armée. Certains témoignages en portent le chiffre à 20,000 chevaux, sans compter d'innombrables fantassins[1]. D'autres l'évaluent à 12,000 combattants en tout[2]. Mais, d'après les lettres contemporaines de la République florentine[3], l'effectif n'aurait été que de 1500 lances, soit 9,000 hommes d'armes, à raison de 6 hommes par lance garnie. Une de ces lettres ne parle même que de 5,000 chevaux, sans compter, il est vrai, un grand nombre de fantassins[4]. Encore ces derniers chiffres sont-ils peut-être légèrement forcés ; car, au moment où les Florentins appelaient tous les peuples d'Italie à la défense de la paix publique, ils avaient plutôt intérêt à grossir les ressources qu'ils attribuaient à leur adversaire.

Après avoir franchi les Alpes, les troupes françaises arrivèrent à Milan dans le courant de juillet 1384. Bernabo Visconti, qui gouvernait le Milanais, leur fit le plus cordial accueil. Il vint avec ses fils les recevoir à la porte de Verceil et se plaça aux côtés du sire de Coucy pour les introduire en pompe dans la ville[5]. L'empressement de Bernabo n'avait rien que de très naturel. L'une de ses filles, Lucie Visconti, était fiancée au fils du duc d'Anjou encore enfant, et Coucy arrivait muni des pouvoirs nécessaires pour faire célébrer le mariage par procuration. La cérémonie eut lieu le 2 août, Enguerrand et l'évêque de Beauvais, qui représentait Edmond d'Angleterre, comte de Cambridge, agissant comme mandataires du jeune prince[6].

Cependant la nouvelle de l'approche du sire de Coucy se

1. *Chroniche di Pisa* ; Muratori, *Rerum italicarum Scriptores*, t. I, col. 794.

2. Chronique de Saint-Antonin, tit. XXII, cap. II, XI (p. 401 de l'édition de 1587). — Corio, *Historia de Milano*, 3e partie. — Orlando Malavolti, *Historia di Siena*, p. II, lib. VIII, f° 152. — Leon. Aretino, lib. IX.

3. Arch. de Toscane. Signori, Carteggio, Missive, reg. I, Cancell., n° 20, f°s 24 v° et 25 v°. Ce registre qui contient les lettres de la Seigneurie de 1384 à 1387 et qui a été la principale source de ce travail porte aussi la mention : Riformagioni, classe X, dist. 1, n° 14 bis. — Bibl. nat., Nouvelles acquisitions latines, 1152, f° 5 v°.

4. Arch. de Toscane, même registre, f° 37, *Lettre à la reine de Sicile*, écrite entre le 8 et le 16 novembre.

5. Corio, 3e partie. — L'entrée des Français à Milan fut signalée par un grave accident. Après le passage d'Enguerrand, le pont-levis tomba dans le fossé, entraînant un assez grand nombre d'hommes et de chevaux. Bernabo Visconti ayant été bientôt après renversé par son neveu Jean Galéas, on voulut reconnaître dans cet accident un présage de sa chute prochaine.

6. Corio. — Père Anselme, t. I, p. 229, D.

répandait dans toute l'Italie, venant relever le courage des rares partisans de Louis d'Anjou et troubler dans leurs espérances ceux du duc de Durazzo. Nulle part l'émotion et la crainte ne furent plus vives qu'à Florence.

Lorsque la guerre de la succession avait éclaté, les deux rivaux s'étaient efforcés d'attirer dans leur parti la puissante République toscane. Non content d'envoyer à deux reprises ses représentants vers la Seigneurie, Louis d'Anjou avait fait intervenir personnellement son neveu le roi de France. Des ambassadeurs étaient venus officiellement, au nom de Charles VI, demander au gouvernement de se déclarer pour l'oncle de leur souverain[1]. Charles de Durazzo et le pape Urbain VI, devenu l'un de ses plus chauds adhérents, n'avaient pas déployé une moindre activité. Grand embarras pour les Florentins. Comme Italiens, comme partisans du pape de Rome, toutes leurs préférences étaient acquises à Charles III. D'un autre côté, d'étroits rapports les unissaient à la maison de France. La lettre du 20 octobre 1384, que l'on trouvera plus loin, suffit à indiquer combien était intime cette alliance aussi précieuse pour l'honneur de la République que favorable aux relations commerciales.

Porter atteinte à leurs plus chers intérêts ou sacrifier leurs sympathies en se séparant de leurs compatriotes, cette grave alternative les fit hésiter. Ils gagnèrent du temps, puis, se retranchant derrière un prétendu refus de leurs alliés, déclarèrent qu'ils entendaient demeurer absolument neutres[2].

C'était bien le parti le plus sage : mais on comptait sans la persévérance d'Urbain. Malgré des refus répétés, le pontife ne cessa de peser de toute son influence auprès des Florentins ; à force d'insister, il parvint à obtenir leur appui en faveur de Charles de Durazzo.

On chercha seulement à sauver les apparences par un de ces compromis si chers aux politiques italiens. Le célèbre condottiere anglais, Jean de Hawkwood, qui commandait l'armée de la République, fut congédié et passa avec ses bandes au service du Saint-Siège ; en même temps, les villes toscanes accordèrent au pape la levée d'un subside qui lui permettrait de solder ses nou-

1. Archives de Toscane. Signori, Carteggio, Missive, reg. I, Cancell., n° 19; f° 22 v°, *Lettre au roi de France* du 18 juillet 1380 ; f° 97 v°, *Au même*, janvier 1381 (n. s.). — Leonardo Aretino, liv. IX.

2. Saint-Antonin, tit. XI, cap. VII, IX et X.

velles troupes. C'est donc sous la bannière et, en apparence, aux frais d'Urbain VI, que Jean de Hawkwood alla rejoindre Charles de Durazzo et lui prêter un utile concours.

La ruse était par trop grossière. Justement irrité, Louis d'Anjou se répandit en vives récriminations à l'adresse des Florentins, et, trop menacé lui-même pour pouvoir leur faire sentir le poids de sa colère, il écrivit en France pour demander que l'on tirât une sévère vengeance de ce manque de foi [1].

Cette lettre du duc d'Anjou avait été communiquée aux Florentins. On comprend quel dut être leur émoi en apprenant que le sire de Coucy avait débouché par les défilés des Alpes et s'avançait à la tête de forces imposantes. Etait-il chargé de mettre à exécution les menaces du roi Louis, de marcher sur Florence, d'attaquer la République au nom du roi de France? On pouvait tout au moins le redouter. Il fallait à tout prix savoir ce qu'il en était réellement. Aussitôt départ pour Milan d'une ambassade qui, sous prétexte de saluer le sire de Coucy, cherchera à démêler ses véritables projets; et, en attendant, pour parer à toute éventualité, levée de gens d'armes et armement de plus de 4,000 paysans chargés de garder les routes [2].

Quoique fort exagérées, les craintes des Florentins n'étaient cependant pas absolument imaginaires.

Enguerrand de Coucy devait sans doute traiter en alliées de la France les républiques de Toscane; mais il avait aussi pour mission de les intimider en venant camper dans le pays, et de les contraindre ainsi à refuser désormais toute aide au duc de Durazzo [3].

1. L. Aretino, liv. IX, in fine.

2. Scipione Ammirato, *Istorie fiorentine*, liv. XV.

3. C'est ce que dit très nettement, dans sa chronique rimée, un auteur contemporain :

Il gran sir di Consì che di presente
Con sua gente Francesca e Taliana
Passava i monti vigorosamente,
Per Lombardia venendo in la Toscana
Per danneggiar i nemici del Duca
E fare a Carlo la speranza vana
Che gente di Toscana non conduca
In suo ajuto e che promessa fatta
Dal Fiorentin a lui fossa caduca.

Chronaca di ser Gorello, intorno ai fatti d'Arezzo. — Muratori, t. XV, col. 882.

De plus, une impérieuse nécessité obligeait le capitaine français à prendre vis-à-vis d'elles une attitude très énergique, parfois même menaçante.

Les troupes qu'il conduisait au roi Louis étaient formées d'hommes d'armes mercenaires engagés pour la circonstance. On ne pouvait compter sur eux qu'à condition de payer leur solde, *car,* ainsi que le dit Froissart à propos des soldats du duc d'Anjou, *qui veut avoir leur service, il faut que ils soient payés, autrement ils ne font chose qui vaille* [1].

Les dépenses entraînées par une petite armée telle que celle du sire de Coucy étaient donc fort lourdes. Nous n'avons malheureusement pas de documents relatifs aux frais de cette expédition ; mais des renseignements à peu près contemporains peuvent du moins nous en donner une idée approximative.

Le 16 novembre 1390, le comte Jean III d'Armagnac signe avec les envoyés de la Seigneurie un traité par lequel il s'engage à passer en Lombardie pour y faire campagne à côté des troupes de la République : on lui accorde, indépendamment de tous frais d'armement ou de transport, 15,000 florins par mois, uniquement destinés au paiement de la solde de 2,000 lances qu'il doit mettre sur pied [2]. Quelques années plus tard, en 1396, il est question d'envoyer une armée royale au secours des Florentins menacés par le duc de Milan : un autre comte d'Armagnac, Bernard VII, frère du précédent, consulté par un ambassadeur italien sur le montant probable des dépenses, estime que l'on ne peut espérer avoir des troupes françaises à moins de quinze francs de gages mensuels pour chaque homme d'armes [3]. Dans cette même circonstance, on voit les trésoriers de France verser une somme de 60,000 francs pour l'entretien pendant un semestre de 800 hommes d'armes et 500 arbalétriers qui vont aller combattre au-delà des Alpes [4] ; malgré ce subside, malgré la promesse d'un don de 25,000 florins, le comte Bernard VII, désigné pour commander l'expédition, déclare qu'il ne peut partir si on ne lui

1. Froissart, liv. 2, chap. 221.

2. Arch. de Toscane, Atti publici, t. XL delle Cartapecore, n° XLVI, ou Riform., classe XI, dist. III, reg. n° 53, acte original analysé dans les *Négociations diplomatiques de la France avec la Toscane,* t. I, p. 30.

3. Arch. de Toscane, *Relation de l'ambassade de ser Pero di San-Miniato,* Rif. classe X, dist. IV, reg. n° 1, f° 18 v°.

4. Bibl. nat. de Paris, coll. Doat, vol. 207, f° 113 et 120.

assure pas 10,000 florins par mois afin de payer ses soldats, dont le nombre ne dépasse pas 10,000 combattants[1].

Ces exemples, qu'il serait facile de multiplier, indiquent assez combien devait être élevé le total des gages dus aux hommes d'armes français du sire de Coucy, sans compter les bandes de condottieri italiens qu'Enguerrand leur avait adjointes[2]. Or, l'argent manquait complètement pour faire face à ces énormes dépenses. Du côté de Louis d'Anjou, rien à espérer. Sa détresse financière était si complète que les sommes accordées par les ducs de Berry et de Bourgogne, en vue d'organiser l'expédition, ne pouvaient y apporter qu'un soulagement passager. Il ne restait plus au chef de l'expédition, pour faire arriver ses soldats dans le royaume de Naples, qu'une dernière ressource : demander les vivres et victuailles nécessaires à leur ravitaillement aux états dont on traverserait le territoire et obtenir de ces états, afin de solder les gages, les mêmes subsides que les cités de Toscane avaient indirectement fournis à Charles de Durazzo. En cas de refus, il faudrait bien recourir à l'intimidation ou même à la force.

Tel est tout le secret de la conduite tenue par Enguerrand de Coucy. Ses actes de violence en désaccord avec ses protestations d'amitié et de respect, ses menaces mal déguisées s'expliquent aisément. C'est dans un but déterminé qu'il agit : il veut effrayer, parce que c'est le seul moyen de faire observer la neutralité promise et surtout d'assurer l'entretien des troupes du duc d'Anjou.

Le sire de Coucy commence par prodiguer aux ambassadeurs florentins les témoignages de la plus grande cordialité. Pour lui, les Florentins sont, *non pas ses amis et ses frères*, comme ils le disent modestement, *mais ses pères et seigneurs ; non les serviteurs et les fils, mais les frères et les amis singuliers de la maison de France*. Leurs craintes sont chimériques. Non seulement il promet de s'abstenir de tout acte hostile envers eux, mais encore il met son épée à leur service s'ils ont quelque

1. Arch. de Toscane, Rif. classe X, dist. IV, reg. n° 1, f° 65, *Relation de l'ambassade de Berto d'Agnolo Castellani*. — Chronique de Bonaccorso Pitti, imprimée à Florence en 1720, p. 55.

2. Les bandes de Guasparre de' Ubaldini, G. Azzon et Richard Romsey. — *Documenti degli Archivi Toscani*, t. I : *I Capitoli del comune di Firenze*, p. 376.

offense à punir. Quant à ses plans, à l'itinéraire qu'il compte adopter, il se renferme dans une réserve absolue. De belles phrases sans rien de précis : ce fut tout, avec la promesse d'un prochain envoi de mandataires français à Florence [1].

Ces envoyés d'Enguerrand de Coucy furent aussi peu explicites, car ils se bornèrent à demander au gouvernement de la République de rester indifférent entre les deux prétendants.

Comme ils étaient encore à Florence, on apprit, au commencement du mois de septembre, qu'au lieu de se diriger vers la Romagne et la Marche d'Ancône, afin de prendre, le long du littoral de l'Adriatique, la route habituelle de la Pouille, où déjà les vivres étaient préparés, le capitaine français avait gagné Plaisance, puis Lucques, marchant ainsi droit sur la Toscane [2].

Cette fois, le danger parut imminent. La nouvelle Seigneurie, entrée depuis quelques jours seulement en fonctions, se réunit en conseil extraordinaire pour aviser aux mesures à prendre. On fait repartir les ambassadeurs florentins qui accompagneront jusqu'au camp français les mandataires d'Enguerrand. Ils apportent au sire de Coucy de riches présents pour lui et pour l'évêque de Beauvais, lui promettent, au nom de leurs concitoyens, de ne plus s'immiscer dans la politique du royaume de Naples, le supplient de ne pas favoriser les secrètes menées des bannis et de respecter leur territoire.

Cette dernière demande était contraire au plan de l'expédition, répond le sire de Coucy, en protestant toutefois de nouveau de ses intentions purement pacifiques et de son respect pour la République. Malgré ces assurances répétées, l'effroi ne cesse de s'accroître : les paysans abandonnent leurs fermes et courent se réfugier dans les villes et les places fortifiées avec ce qu'ils ont de plus précieux [3].

Bien leur en prit. Les troupes du duc d'Anjou quittent Lucques, campent pendant une nuit entre Empoli et la rivière d'Elsa, gagnent le lendemain Castelfiorentino où elles s'arrêtent trois jours, descendent jusqu'à Poggibonzi, puis, remontant sur Florence, vont s'établir au sud de la ville, sur les collines de Poggio

1. Voir plus bas la *Lettre* du 20 octobre. — Arch. de Toscane. Signori, Cart., Missive, reg. I, Cancell., n° 20, f° 21 v°, *Lettre à Bernabo Visconti* du 1er octobre. — Scip. Ammirato, l. c.

2. Mêmes sources. — Chronique de Saint-Antonin, tit. XXII, cap. II, XI.

3. L. Aretino, liv. IX.

Imperiale et de San-Miniato[1]. Sur leur chemin, quoiqu'ils s'avancent aux cris de « la paix! la paix! » les soldats s'emparent des troupeaux, rançonnent les habitants qu'ils rencontrent ou les tuent s'ils essayent de résister, pillent les villages et enlèvent même, les armes à la main, quelques petits châteaux[2].

Aux craintes légitimes qu'inspire une telle conduite s'ajoute bientôt pour le gouvernement florentin une nouvelle cause de préoccupations. Le sire de Coucy, affectant toujours de considérer les Florentins comme ses amis et ses alliés, n'a pas laissé ignorer à leurs représentants qu'il vient d'accepter une proposition des plus avantageuses. Les citoyens bannis d'Arezzo et leurs chefs, les membres de la puissante famille des Tarlati, seigneurs de Pietramala, lui ont fait offrir leur concours s'il voulait tenter un coup de main sur leur ville natale, actuellement au pouvoir de Charles de Durazzo. Ils répondaient du succès, grâce aux intelligences conservées dans la place, et s'emparer d'Arezzo pour le compte du roi Louis, c'était commencer les hostilités, affaiblir sûrement son compétiteur, faire peut-être une utile diversion. Des engagements réciproques sont pris ; les Pietramala et Coucy ont conclu un traité d'alliance, et l'on n'attend plus pour agir que le moment favorable[3].

Or, depuis de longues années, la réunion d'Arezzo au territoire de la République était pour les Florentins l'objet d'un ardent désir. Les haines politiques qui désolaient la cité leur assuraient des chances de réussite presque certaines. Déjà ils étaient sur le point d'atteindre leur but, lorsqu'en 1380 eut lieu une dernière révolution qui fit exiler les Pietramala et les chefs gibelins. Le pouvoir restait aux Guelfes vainqueurs ; mais ceux-ci étaient trop faibles pour arriver à maintenir longtemps leur triomphe passager. Sentant leur impuissance, ils appelèrent à leur aide Charles de Durazzo, et, en échange de sa protection, lui abandonnèrent leur liberté et la souveraineté sur leur patrie.

La domination des Napolitains ne fut guère moins désastreuse que les anciennes luttes intestines. A la suite d'une tentative de retour vers le parti gibelin, les troupes de Charles III traitèrent

1. Saint-Antonin, l. c. — S. Ammirato, l. c. — *Lettre de la République à Bernabo Visconti* citée plus haut.

2. *Lettre au roi de France* du 20 octobre. Dans le même registre, f° 22 v°, *Lettre au comte de Vertus* du 1er octobre.

3. Chronique de ser Gorello, Muratori, XV, col. 881.

en pays conquis la cité qu'elles devaient défendre. Arezzo servit de théâtre à tous les excès, à tous les crimes, et les couvents, les églises même ne furent pas plus respectés que la vie, la fortune et l'honneur des habitants[1].

Quoique déchue et ruinée, la malheureuse ville excitait cependant encore les convoitises des Florentins. Peut-être pourraient-ils être plus heureux auprès de ses nouveaux maîtres. Un brave capitaine napolitain, Jacques Caracciolo, y exerçait les fonctions de gouverneur en qualité de vicaire du roi Charles III. On lui proposa de livrer la citadelle, en simulant une prise d'assaut qui aurait couvert sa responsabilité. La nécessité de mettre dans la confidence les principaux citoyens et, par suite, l'impossibilité de garder le secret, firent rejeter ce plan[2]. La Seigneurie s'adressa alors au roi en personne. Charles de Durazzo était assez peu disposé à abandonner ses possessions de Toscane, mais on sut si bien insister auprès de lui qu'il dut consentir à entrer en négociations. Seulement, au moment où la vente d'Arezzo à la République était, pour ainsi dire, décidée, les plénipotentiaires napolitains prétextèrent une mission urgente à remplir en Romagne et s'éloignèrent en promettant de revenir dans dix jours. Leur absence se prolongea, et on les attendait encore vainement pour terminer l'affaire[3].

Dans une pareille conjoncture, Arezzo succombant à l'attaque du sire de Coucy et passant par conquête au roi Louis d'Anjou, toutes les espérances des Florentins étaient anéanties et la réalisation de leur rêve extrêmement retardée, sinon indéfiniment ajournée.

Aussi déploient-ils le plus grand zèle à prévenir Jacques Caracciolo des dangers qui le menacent. On l'avertit de se tenir en éveil ; on lui conseille d'envoyer aux Français, quand ils passeront près de la ville, tout ce qu'ils pourront demander en fourrages et en vivres. Des ouvriers partent pour aller mettre en état de défense les remparts de la place, et toutes les forces de la République sont mises à sa disposition pour seconder la résis-

1. P. Farulli, *Annali di Arezzo*, p. 81. — Ser Gorello, Muratori, t. XV, col. 871.

2. Scip. Ammirato, liv. IX.

3. *Lettre de la République au roi Charles III* : Arch. de Toscane, Signori, Carteggio, Missive, reg. I, Cancell., n° 20, f° 24 v°. — Bibl. nat. de Paris, Nouvelles acquisitions latines, 1152, f° 4 v°.

tance[1]. Une seconde lettre, écrite le 16 septembre, insiste davantage en donnant des détails plus précis. C'est d'ici au surlendemain 18 septembre que l'on doit tenter l'assaut, d'accord avec les traîtres qui faciliteront l'accès des murailles. Le moindre défaut de vigilance aurait des conséquences fatales. On le répète encore, les troupes florentines sont toutes prêtes à répondre au premier appel du gouverneur[2].

Tant d'empressement éveille la défiance de Caracciolo. Il soupçonne un piège. Une fois introduits dans la ville, les soldats de la République ne pourront plus être délogés. Il remercie donc la Seigneurie de ses bons avis, accepte les ouvriers et, pour ne pas avoir l'air de repousser absolument les offres qui lui sont faites, demande en tout et pour tout un secours dérisoire de cinquante arbalétriers[3].

Tout d'abord l'événement semble donner raison à Caracciolo.

Enguerrand de Coucy quitte les environs de Florence ; mais, au lieu de marcher sur Arezzo, il prend la direction de Sienne et arrive sur la frontière des deux états après avoir mis six jours à faire un trajet de 30 milles qui n'aurait demandé qu'une journée[4]. Alors son attitude se modifie ; elle devient plus hautaine ; son langage est beaucoup moins rassurant. Les représentants florentins se plaignant des ravages exercés par ses soldats, il leur répond brusquement que la faute en est tout entière aux habitants du pays. Bientôt il déclare qu'il lui faut de l'argent pour payer les troupes du roi Louis ; il demande, puis exige presque impérieusement que les Florentins lui octroient 25,000 florins d'or et les Siennois 20,000[5].

Les premiers refusent avec énergie. Les seconds se laissent

1. Arch. de Toscane, même registre, f° 18, *Lettre* écrite entre le 6 et le 13 septembre.

2. Arch. de Toscane, même registre, f° 19 v°.

3. *Lettre de la République au roi Charles III de Durazzo*, citée plus haut.

4. Archives de Toscane, même registre, f° 21 v°, *Lettre à Bernabo Visconti* du 1er octobre. — Saint-Antonin, tit. XXII, cap. II, XI.

5. Voir plus loin la lettre au roi de France. — Arch. de Toscane, même registre, f° 21, *Lettre à Jean Galéas Visconti* du 27 septembre ; f° 21 v°, *Lettre à Bernabo Visconti* ; f° 22 v°, *Lettre au marquis d'Este*, etc. — Ammirato, liv. XV ; Saint-Antonin, l. c.; L. Aretino, liv. IX ; Orlando Malavolti, *Historia di Siena*, p. II, lib. VIII, f° 152.

intimider par les menaces d'Enguerrand, transigent et versent 6,000 ou 7,000 florins [1].

Satisfait en apparence, Coucy s'éloigne enfin ; il traverse la rivière de la Chiana et gagne Cortone. Déjà, en Toscane, on commence à respirer ; on espère être débarrassé de ce redoutable voisinage ; on présume que les Français renoncent à leur premier projet, qu'ils vont continuer leur marche vers l'Adriatique et s'en prendre à Pérouse [2].

Vain espoir. Cette démonstration sur l'Ombrie n'est qu'une feinte pour endormir la vigilance de Jacques Caracciolo. Dans la nuit du 28 au 29 septembre, les soldats d'Enguerrand réunis aux partisans des Pietramala partent de Cortone, tournent au nord et atteignent Arezzo. Une partie des combattants escalade les murs au point appelé l'Alboreto. Pendant qu'ils attaquent à grand bruit les défenseurs de la place, le sire de Coucy se glisse en silence jusqu'à la porte de San-Clemente avec l'élite de ses compagnons. La porte est enfoncée ; la bannière royale de Louis d'Anjou se déploie au haut des murailles, et Français et Gibelins se précipitent dans la ville aux cris mille fois répétés de : « *Vive le roi Louis et le sire de Coucy! mort aux Guelfes et au duc de Durazzo!* » Ces clameurs avertissent les Napolitains et les citoyens d'Arezzo. Ils courent au point menacé, mais il est trop tard. Un furieux combat s'engage : chaque rue, chaque quartier devient le théâtre d'une lutte désespérée. Ecrasés de toutes parts, Caracciolo et ses vaillants auxiliaires cèdent au nombre et plient devant l'impétuosité de l'attaque. Ils cherchent en vain à défendre la citadelle, puis essayent d'y mettre le feu plutôt que de la livrer à l'ennemi et l'abandonnent sans avoir pu y réussir. Seul, le fortin résiste. Les Français fatigués renoncent momentanément à l'enlever, et les débris de la garnison s'y réfugient avec ce qui reste des citoyens armés et du parti guelfe. La ville est abandonnée aux soldats : elle passe par toutes les horreurs du pillage et de l'incendie, qui rappellent, sans l'égaler toutefois, le précédent sac de la cité par les Napolitains. Les Pietramala et les bannis rentrent triomphalement dans leurs

1. 7,000 florins, selon une lettre du 27 septembre ; 6,000 seulement, d'après une autre lettre du 1er octobre ; et 8,000, au dire d'Ammirato.

2. *Lettre du 27 septembre à Jean Galéas Visconti.*

anciennes demeures pendant que le sire de Coucy vainqueur prend possession d'Arezzo au nom du roi Louis d'Anjou[1].

II.

La prise d'Arezzo aurait jeté la consternation dans Florence si, la même nuit, il n'était arrivé une autre nouvelle plus importante encore, celle de la mort du roi Louis d'Anjou qui, triste et découragé, avait été le 20 septembre presque subitement enlevé devant Bisceglia, à la suite d'un refroidissement. Cette mort avait porté le dernier coup à son parti dans le royaume de Naples ; déjà presque tous ses lieutenants avaient quitté le sud de l'Italie et s'étaient embarqués pour Venise dans le dessein de rentrer en France[2].

Comme conséquence naturelle, la position d'Enguerrand de Coucy devenait extrêmement périlleuse : il se trouvait entièrement isolé au centre de l'Italie, sans aucun secours à espérer, menacé au contraire d'avoir bientôt à combattre toutes les forces de Charles de Durazzo que la guerre cesserait de retenir en Calabre ou en Pouille. Les rôles étaient renversés ; c'était à lui désormais à se défendre, à repousser les attaques des nombreux ennemis qui l'entouraient ; car il allait avoir à compter, non seulement avec les partisans du roi Charles III, mais encore avec les gouvernements neutres, gravement offensés et peu disposés à lui pardonner la frayeur que leur avaient causée son approche et sa présence.

Ce revirement de fortune, dont les Italiens apprécient toute la portée, a son effet immédiat. Au lieu de se laisser aller au découragement ou de tenter de négocier avec Enguerrand, les Florentins n'hésitent pas à entrer en lutte ouverte. Toutes les puissances amies, Bernabo Visconti, seigneur de Milan, son neveu Jean Galéas, comte de Vertus, le marquis d'Este, les seigneurs de Padoue et de Vérone, les citoyens de Bologne et de Pérouse, le doge de Gênes, enfin le roi de Naples lui-même sont mis au cou-

1. Archives de Toscane, Capitoli del Comune di Firenze, registre VII, f° 8 ; *Récit émané de Jacques Caracciolo*, imprimé au tome I, p. 371, des *Documenti degli Archivi Toscani* (*I Capitoli del Comune di Firenze* publié en 1866). — Saint-Antonin ; Ammirato ; ser Gorello, col. 883 ; P. Farulli, p. 82 ; Specimen historiae Sozomeni, Muratori, XVI, col. 1126 ; Corio ; L. Aretino, etc., etc.

2. Voir plus bas la *Lettre au sire de Coucy*, du 4 octobre.

rant de ce qui s'est passé et sollicités de se réunir à la Seigneurie pour chasser le perturbateur de la paix publique et écraser l'ennemi commun dont la dangereuse présence est signalée à l'Italie entière [1].

On procède aux élections des *Dieci di Balia*, sorte de conseil suprême qui n'est réuni que dans les moments de crise [2]. Toute l'armée se prépare à marcher ; Jacques Caracciolo est averti qu'il doit recevoir un prompt secours et que le capitaine de la guerre va gagner les environs d'Arezzo avec les troupes florentines [3].

En quelques jours, 700 lances sont mises sur pied. Il faut de l'argent pour hâter l'armement : on demande au pape Urbain VI de laisser lever une aide sur tous les clercs, de quelque nation qu'ils soient, qui possèdent des prébendes ou des bénéfices dans le territoire de l'Etat. Afin de décider le pontife, la prise d'Arezzo lui est représentée comme une victoire de son compétiteur, le pape d'Avignon. « *Illic factio Gebellinorum exultat*, lui écrit-on le 7 octobre, *illic Gallorum fremit exercitus, illic, Urbano nomine prophanato, Clemens adoratur et colitur, illic de subjiciendis Ytalie finibus servituti miserrime consultatur* [4]. »

Tout entier à la joie du succès, le sire de Coucy ne se doute pas encore du formidable orage qui s'amoncelle. Aussitôt maître d'Arezzo, il a voulu apprendre lui-même sa victoire à ses bons amis les Florentins, ne doutant pas, ajoutait-il malicieusement, qu'ils ne fussent ravis d'un événement si heureux pour les partisans de Louis d'Anjou [5]. La réponse est aussi rapide qu'ironique. Il reçoit le 4 octobre la lettre suivante :

Domino de Conciaco.

Illustris et metuende Domine et amice karissime,

De cunctis vestris successibus qui et honorem vestrum concerne-

1. Archives de Toscane. Signori, Carteggio, Missive, reg. I, Cancell., n° 20 : f° 21 v°, lettre à Bernabo, 1er octobre ; f° 22 v°, même date, au comte de Vertus, au marquis d'Este et aux seigneurs de Padoue et de Vérone ; f° 24 v°, au roi de Naples, 6 octobre ; f° 25 v°, au pape Urbain VI, 7 octobre ; f° 26 v°, aux Bolonais, 8 octobre ; f° 33, au doge de Gênes, 24 octobre.

2. Ammirato, liv. IX.

3. Arch. de Toscane, registre cité, f° 24 ; lettre à Caracciolo du 3 octobre.

4. Même registre, f° 26. — Bibl. nationale de Paris, Nouv. acq. latines, n° 1152, f° 5 v°.

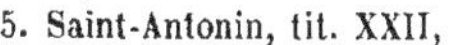

5. Saint-Antonin, tit. XXII, cap. II, XI.

BIBLIOTHÈQUE NATIONALE R.F. IMPRIMÉS

rent et ad tranquillitatem Italie pertinerent, certissime teneatis nos totis affectibus consentari. Ceterum noverit Excellentia vestra illustrissimum principem quondam dominum ducem Andegavensem, in civitate Barensi, die xx mensis preteriti, morbo subito humoreque gutturis decessisse, et comitem Gebennensem atque plures ejusdem domini proceres jam attigisse Venetias et in Franciam remeare. Que, tanquam regie progeniei regalium Francie devotissimi servitores, vobis cum ingenti doloris aculeo nuntiamus. Nec sit quod de hoc dubitationem aliquam faciatis. Scimus etenim et ordinem mortis, et pro magna parte seriem testamenti. Debemus tamen in omnibus que Gubernatoris illius arbitrio disponuntur, licet secundum carnem et hos sensus corporeos nos afficiant, consolari.

Datum Florentie die IIII octobris, VIII indictione 1384[1].

Il était difficile de donner des renseignements plus précis. Néanmoins Enguerrand se refuse à admettre la mort du duc d'Anjou, persuadé qu'on veut le décourager en le trompant. Il continue à pousser les opérations contre le fortin, fait creuser des mines et saper les murailles. En attendant la défaite de Caracciolo qui, secondé par la jeunesse d'Arezzo, se défend avec l'énergie du désespoir, les troupes françaises s'établissent à demeure dans la ville. Coucy y vit en grand seigneur, tenant table ouverte, recevant magnifiquement tous ceux qui se disent partisans du roi Louis et cherchant à gagner de nouveaux adhérents à sa cause[2].

Cependant l'appel des Florentins a été entendu. Jean de Hawkwood quitte le royaume de Naples et accourt avec les bandes anglaises[3]. Pérouse, Pise et Lucques envoient leurs députés à Florence pour conclure une sorte de ligue du Bien-Public qui est signée le 20 octobre. Les États contractants s'engagent tous les quatre à fournir chacun 800 lances de trois chevaux dans un délai de quinze jours. Toutes ces troupes ainsi réunies marcheront sous une même bannière bleue portant le mot « PAX » en lettres d'or[4].

Les Bolonais promettent aussi leur concours après l'avoir

1. Arch. de Toscane. Signori, Carteggio, Missive, reg. I, Cancell., n° 20, f° 24.

2. Ser Gorello, chronique en vers, Muratori, XV, col. 883 ; Saint-Antonin.

3. Documenti degli archivi Toscani : *I Capitoli del Comune di Firenze*, p. 379. Jean de Hawkwood rejoignit les Florentins avant le 18 novembre.

4. Ammirato, liv. IX.

d'abord refusé. Les Florentins se proposent de réunir de leur côté 2,000 lances. Aucune dépense n'est épargnée par la Seigneurie ; car on évalue à 40,000 florins par mois les gages de la cavalerie seule, et à la moitié ceux des arbalétriers et des fantassins pour le même temps, sans compter les frais entraînés par le ravitaillement des troupes, l'artillerie et les machines de guerre à préparer, les messagers à envoyer et les éclaireurs à poster dans tout le pays[1].

Cependant, malgré toute l'ardeur déployée à ces préparatifs, les Florentins hésitent avant d'engager effectivement les hostilités. Ils ne peuvent oublier, en effet, que si le duc d'Anjou a disparu, si son parti ne compte plus en Italie, Enguerrand de Coucy n'en reste pas moins un capitaine français, à la tête d'une armée française, et envoyé au-delà des Alpes par le roi de France lui-même. Si le gouvernement de Charles VI allait prendre fait et cause en sa faveur, exercer sur les marchands florentins établis dans ses états de trop faciles représailles? L'intérêt de la République exige que l'on prenne les devants, que l'on prévienne les plaintes possibles du sire de Coucy, en envoyant à la cour de France un récit détaillé de tout ce qui s'est passé, et que, par un habile calcul, l'on se pose vis-à-vis du roi en alliés fidèles, brutalement attaqués et demandant justice à leur puissant protecteur.

On écrit donc à Charles VI le 20 septembre, le jour même de la conclusion de la ligue avec les Pisans et leurs alliés, une longue lettre dont voici le texte, et qui est certainement l'un des documents les plus complets et les plus importants à consulter sur tout l'ensemble des rapports de la France et de la République florentine au moyen âge jusqu'au moment précis où des négociations diplomatiques suivies vont enfin, dans les dernières années du XIVe siècle, se nouer entre les deux pays.

Regi Francorum.

Sperabamus, serenissime atque gloriosissime Princeps, illustrem dominum de Conciaco, quem cum magna potentia Vestra Serenitas ad partes Italie destinavit, aut debere, sicut principalis videbatur intentio, in regni fines recto tramite proficisci, aut si qua necessitas ipsum citra regni limites detineret nobiscum nedum se pacifice

1. Arch. de Toscane. Signori, Carteggio, Missive, reg. I Cancell. n° 20, f° 35 v°, *Lettre au Pape*, du 8 novembre.

gerere, sed in cunctis amicabiliter pertransire. Quid enim aliud sperare debebat populus iste qui urbem, libertatem, omniaque sui status et originis ornamenta ab inclitis sacratissime Vestre stirpis auctoribus recognoscit, quique singulariter ex antique inconcusseque devotionis spiritu, quam semper ad omnium Liliatorum prosapiam habuimus, non minus regius quam Italicus reputatur? Gloriosissimus etenim princeps Karolus Magnus, Pipini filius, a quo Vestra et clarissima regalium Francie progenies derivant, post horridam Longobardorum armis victricibus edomitam feritatem, superato captoque rege Desiderio [1], jubente populo romano, primus Gallorum regum patricius et imperator effectus, urbi nostre compatiens quam Totila, Flagellum Dei, jam ante per annos trecentos quinquaginta perfide viceral et crudeliter devastarat, maxima cum benignitate restituit, eamque romana nobilitate repletam, multis honoribus et privilegiis exornavit [2]. Post quem inclite recordationis Karolus, tunc Andegavie et Provincie comes, qui primus de Vestre Serenitatis genimine rex Jerusalem et Sicilie meruit appellari, devicto occisoque Manfredo, commilitonibus suis Florentinis qui secum in illo glorioso certamine [3] primo concursu contra Manfredum prelium inierunt, quosque factio gebellina, persecutrix Ecclesie, et antedicti tiranni feritas ex hac urbe depulerat, civitatem restituit et statum, quem ferme jam usque ad centesimum decimum et octavum annum cum felicitate tenemus, nedum nobis tradidit, sed suis et posteritatis sue juribus atque consiliis stabilivit, pro cujus conservatione bellicosissimi duces, posteritas sua, quod cum lacrimis recordamur et scribimus, et sanguinem et animas posuerunt [4].

Et ut ad Vestri stipitis beneficia veniamus, nonne dux inclitus dominus Karolus, tunc Valesie et Alenconis comes, qui gloriose memorie Filippum primum ex linea vestra Francorum regem progenuit, dulcissimum Gallie celum Florentinorum amore relinquens, Italiam petiit, et restitutis in patria Guelfis quos ex hac urbe cons-

1. Didier, roi des Lombards, détrôné en 774.

2. Voir, sur cette tradition qui attribue à Charlemagne la reconstruction de Florence détruite par les Ostrogoths, les *Négociations diplomatiques de la France avec la Toscane*, t. I, p. 12.

3. La bataille de Bénévent gagnée par Charles d'Anjou le 26 février 1266.

4. Pierre, surnommé Tempête, comte de Gravina et duc de Durazzo, frère du roi Robert, et Charles de Tarente, neveu du même roi, tués tous les deux le 29 août 1315 à la bataille de Monte Catini, en combattant dans les rangs de l'armée florentine.

piratio Gebellinorum et Alborum excluserat, statum nostrum multis cum laboribus reformavit[1]? Nonne gloriosissimus Majestatis Vestre genitor Florentinos infense persecutionis tempore cum benignitate protexit et velut peculiares Sue Majestatis filios conservavit[2]? Nos itaque, metuendissime Princeps, hac tot et tantorum beneficiorum tum memoria, tum vicissitudine freti, cum primum dominum de Conciaco sensimus in Italiam appulisse, per nostros solemnes oratores, eumdem ob Serenitatis Vestre reverentiam in civitate Mediolani duximus honorabiliter visitandum. Quis autem vel calamo scribere, vel vive vocis officio valeat explicare letam frontem, jucundos amplexus, sermones blandos et verba pacifica quibus erga nos idem dominus tunc est usus? Ille nos non amicos et fratres, ut decuit, sed patres suos et dominos appellabat. Ille nos non servitores et filios Vestre Serenitatis, ut sumus, sed fratres et amicos precipuos nominabat. Ille se non solum a nostris offensionibus abstinere promisit, sed cum exercitu sibi credito, nostris offensoribus obtulit occursurum. Ut si talis erat erga nos corde qualem se forinsecus ostendebat, nihil de amico vel domino posset ulterius expeti, sin autem ea ad obtegenda consilia fingebantur, nihil potuerit callidius simulari. Que nobiscum cogitantibus subit mentes nostras stupor et dolor. Nam cum postea, nullis precedentibus causis, se nobis inimicum ostenderit, nosque nunc hostiliter persequatur, obstupescimus et dolemus. Si illa ex dilectionis fomite procedebant, qualiter tam repente sint in inimicitias et odium commutata? Sin autem, ut potius arbitramur, et ex tunc propter blanditiarum excessum clarissime videbamus, ea omnia ficta fuerunt, dolemus quod sine causa nos in suos elegerit inimicos, miramurque quomodo secum ipse consenserit vir nobilis et alti animi, et precipue gallici sanguinis, cujus propria et naturalis virtus est magnanimitas, tot ad decipiendum fictiones totque laqueos invenisse. Sed credat nobis quod quanto magis suum animum occultabat, tanto perspicacius nos, qui facta non verba consuevimus intueri, sue dispositiones et mentis consilia videbamus. Sed ut ad institutum sermonem revertamus, promisit ille, nedum nos non offendere, sed se taliter suum exercitum traducturum, quod nostrum omnino territorium non intraret.

1. On sait que l'intervention de Charles de Valois, gendre de Charles II de Naples, amena au commencement du xive siècle le triomphe définitif du parti guelfe à Florence.

2. Les Florentins font ici sans doute allusion à la conduite impartiale de Charles V pendant leur grande querelle avec le pape Grégoire XI.

Quomodo fuerit in hoc servata fides, Serenitatis Vestre clementia cognoscere non gravetur. Duo sunt tramites, dueque vie quibus de Galliarum partibus in Apuliam penetratur : unam per Emiliam, Flaminiam atque Picenum, que provincie hodie, mutatis vocabulis, Lombardia, Romandiola et Anconitana Marcha vocitantur, via quidem plana, fertilis, brevior et aperta ; altera per asperrimas Apennini montis alpes, per Thusciam, Umbriam et Ducatus, montuosa, sterilis, longior, difficilis et obstructa. Hanc autem per Thusciam eligentes, cum possent compendiosius extra fines nostros in regnum recto tramite proficisci, per nostra territoria diverterunt, in quibus cum ab angulo quem intrarunt, ferme sex leucarum transitus esset, cumque possent unius parvule diete spacio ultra nostre jurisdictionis limites processisse, continuis tamen septem diebus cum maxima vexatione nostratum nostris finibus insederunt. Nec putet Vestra Sublimitas illata nobis ex hoc damna lascivia transeuntis exercitus extitisse. Non enim anseres, non gallinas solum rapuerunt, neque columbis circumvolantibus columbarias spoliarunt, sed ovibus, jumentis ac bovibus non contenti, quotidie inermes turricolas et indefensibilia civium nostrorum hospicia, aciebus instructis, veluti nobiscum bellum gererent, expugnabant, illa cunctis rebus hostiliter vacuando, capiendo viros quos poterant, ipsos ad redemptionem tormentis crudelibus compellebant. Et sicubi quippiam defensionis et resistentie comperissent, irruptione demum facta, viros et feminas crudeliter occidentes, ignem desolatis domibus immitebant. Interea cum tot et tantas injurias per oratores nostros conquestione lamentabili in ejusdem domini noticiam duceremus, ille, turbata facie, superbisque sermonibus, omnem culpam in nostros subditos conferebat. Dum ista geruntur, per oratores suos comune nostrum de viginti quinque florenorum millibus requisivit. Nos autem certissime reputantes hoc de Vestre Majestatis beneplacito nullatenus emanare, cujus benignas et gratiosas legationes ac litteras super amicabili gentium istarum transitu pridem acceperat nostra devotio, que nil tale ab humilitatis nostre reverentia postulabant, ne videremus ab exercitu regio nostram redimere libertatem, petitam florenorum summam duximus denegandam. Non profuit allegare, clementissime Princeps, quod cum bellum istud, cujus gratia mittebatur pro regno Sicilie inter illos duos principes ex illo sanguine genitos quem post Deum colimus et veneramus in terris, maximo dolore nostri populi gereretur, non poterat nostra comunitas altere partium, absque inhonestatis et perfidie macula favorem aliquem exhibere ; et quod pie recordationis quondam dux Andegavensis nobiscum in maxima benignitate firmaverat quod neutre deberemus manus adjutrices porrigere, vel auxilia quamvis minima destinare. Addebamus et insuper quod cum comune nostrum pro pace tractanda inter illos ejusdem stirpis principes suos in Apuleam direxerit oratores, qui illum pacis tractatum cum partium beneplacito pluribus mensibus ventilarunt, nedum inhonestum, sed turpissimum videretur si nos pecunias, ut petebatur, pro stipendiis gentium unius ex partibus traderemus. Hec tam rationabilia tamque honesta cum a nostris oratoribus promerentur, in tantam turbationem excanduit, quod legati nostri nihil magis quam hostilem traductionem exercitus usque ad urbis nostre menia vererentur ; fecissetque profecto nisi se minus potentem ad nostrum invadendum populum aspexisset. His ita peractis, cum nostra civitas unanimi voluntate decerneret non esse procerem regium neque regalem exercitum qui nos benignitate regia non tractaret, et Rempublicam nostram armis, non pecunia, defendendam, idem dominus de Conciaco vocatis ad se rebellibus nostri comunis, qui quondam urbis nostre moderamen adepti igne, ferro, relegationibus et cunctis injuriis omnes bonos cives, spacio quadraginta mensium, afflixerunt, contra nos cepit hostilia preparare. Et demum conspiratione facta cum perfida stirpe pessimorum hominum de Petramala, qui nunquam nisi proditionibus, et occidendis atque spoliandis viatoribus studuerunt, quique nobis sunt et fuerunt cunctis temporibus inimici, nocturna proditione cum exercitu toto miserandam civitatem Aretii latenter et hostiliter invaserunt, et urbem illam nobilem et nostris finibus imminentem, quasi sedem belli contra nos gerendi, ob negatas illas pecunias elegerunt. Nos autem majorum nostrorum memores qui pro sumptibus aurum, ferrum autem ad libertatis defensionem nobis ipsorum posteris reliquerunt, contra tam injustas offensiones, pro libertate, pro urbe, pro conjugibus et filiis nostris, pro subditis, castris et urbibus que sub nostro regimine gubernantur, magnum equitum et peditum exercitum preparamus, intendimusque, quod omni jure permittitur, vim vi repellere et armis preparatas nobis injurias propulsare. Nec aliquo modo passuri sumus illos latronum principes de Petramala, nostros antiquissimos inimicos, ad latrocinia latius et infestius perpetranda civitatem Aretinam nostris contiguam possidere.

Hec, gloriosissime Princeps, cum doloris amaritudine recensemus ut nostram et nostri comunis justiciam agnoscatis, et ut processus domini de Conciaco Majestatem Vestram non lateant, qui si, non dicimus velocitate qua decuit, sed pedetentim fuisset recta via suum iter in Apuleam prosecutus, migrationi deflende incliti Vestri patrui cum totius sui exercitus viribus affuisset; et statum filiorum suorum dum injuste nobis bellum parat, dum Petramalenses contra nos vult tirannos Aretii remanere, fluctuat atque ruit, non solum in partibus illis potuisset defendere, sed incrementis felicibus adaugere. Serenitatem Vestram, ad cujus beneplacita nos offerimus, dignetur rerum omnium opifex et director Deus, cum exaltatione Vestri throni, longis temporibus in prosperitate desiderabili conservare.

Datum Florentie, die xx octobris, VIII indictione MCCCLXXXIIII [1].

III.

Ces précautions prises afin d'éviter autant que possible tout démêlé avec la cour de France, les troupes florentines vont enfin s'établir devant Arezzo. C'est Giovanni degli Obizzi qui les commande en chef. Filippo di Messer Alamanno Cavicciuli, qui doit plus tard se rendre à Paris comme ambassadeur de la Seigneurie, est chargé des fonctions de commissaire du camp [2].

Bientôt les soldats d'Enguerrand sont repoussés dans l'enceinte de la ville où les troupes de la République cherchent à les bloquer et à leur couper absolument les vivres. On a pu faire passer dans le fortin des arbalétriers et des ouvriers qui détruisent les travaux d'attaque et réparent les murailles. Soutenus par le voisinage de l'armée de secours, Caracciolo et les Guelfes d'Arezzo opèrent de quotidiennes sorties. Comme le commandement en est successivement dévolu à chacun des citoyens de marque, tous se piquent d'honneur, veulent se distinguer et finissent souvent par obtenir un véritable avantage [3].

Pendant que ses adversaires le pressent ainsi de toutes parts, Enguerrand de Coucy, longtemps resté incrédule, est forcé de se rendre enfin à l'évidence. Plus d'illusion permise ; il n'est plus possible de douter de la mort du duc d'Anjou ni du complet isolement où le laisse ce coup inattendu. Le péril de sa position se

1. Arch. de Toscane, Signori, Carteggio, Missive, reg. I, Cancell., n° 20, ou Riform. classe X, dist. 1, n° 14 *bis*, f° 30 v° à f° 32 v°.

2. Scipione Ammirato, liv. XV. — Al. Cavicciuli fut à deux reprises envoyé en France comme ambassadeur dans le courant de 1396.

3. Saint-Antonin, tit. XXII, cap. II, XI. — L. Aretino, liv. IX. — Ser Gorello, Muratori, t. XV, col. 883.

découvre tout entier à ses yeux. Que faire? Il ne peut abandonner Arezzo pour battre en retraite ; car, en renonçant à triompher de Caracciolo, il laisserait la ville retomber aux mains du duc de Durazzo et perdrait tout le fruit et tout l'honneur de son éphémère conquête ; en l'offrant au contraire à quelque gouvernement ami de la France, il continuerait à nuire à l'adversaire du duc Louis et pourrait demander en échange l'argent nécessaire à l'entier payement des frais de l'expédition et des gages encore dus aux troupes.

Comme les Siennois s'étaient montrés plus accommodants au mois de septembre, il leur fait proposer la vente de la cité. On entre en négociations ; mais, malheureusement pour eux, les citoyens qui ont la direction des affaires, plus occupés de la politique intérieure que des vrais intérêts de l'État, perdent un temps précieux en hésitations et en puériles discussions [1].

Arezzo échappe encore à Florence, et cette fois pour passer à sa rivale en Toscane! Cette seule nouvelle suffit pour attirer sur les Siennois la colère et l'indignation des Florentins. Cette conduite déloyale est dénoncée au pape Urbain VI. Quoi! se rapprocher de ces Français qui troublent toute l'Italie! Autant leur prêter ouvertement concours comme les Gibelins et les Pietramala!... « Inter [Tuscos] precipue Senenses manifestius delirarunt, » écrira la Seigneurie quelques jours plus tard, « et nisi foret subita nostra provisio qui jam congregavimus exercitum duorum milium lancearum..... jam nimia Senensium meticulositas que solet minus graves hominum mentes precipitare faciliter in errorem, rem terribilem et exitiosam toti patrie consensisset [2]. »

Tout à coup, tout ce beau feu s'éteint ; les hostilités sont suspendues, et, dans les lettres officielles, le sire de Coucy et ses compagnons redeviennent les meilleurs amis de la République. Ce brusque changement est dû aux lenteurs des Siennois qui ont lassé le capitaine français et l'ont décidé à répéter aux Florentins les offres de vente qu'il avait faites aux premiers.

Pareille proposition était trop belle, trop inespérée pour ne pas être acceptée avec enthousiasme.

Mais, on le sait, la ville n'était pas tout entière en la posses-

1. Orlando Malavolti, p. II, lib. VIII, f° 152.

2. Arch. de Toscane. Signori, etc., n° 20, f° 36, lettre au pape du 8 novembre. — Même registre, f° 34 v°, lettre aux Siennois, du 4 novembre, conçue dans des termes assez vifs.

sion du sire de Coucy. Le fortin, défendu par Caracciolo, tenait toujours pour Charles de Durazzo, le légitime souverain. Cette circonstance pouvait amener plus tard de grandes complications, et l'on eût été embarrassé si la détresse du gouverneur napolitain n'avait mis aux mains des Florentins un facile moyen de triompher de ce dernier obstacle.

Un envoyé de la Seigneurie pénètre dans le fortin ; il expose à Caracciolo que sa position est désespérée, qu'il n'a pas de secours à attendre du roi de Naples et qu'il est perdu si la République l'abandonne. Pourquoi donc ne pas céder la place aux Guelfes de Florence, au lieu de prolonger une lutte qui la livrera fatalement aux Gibelins et au sire de Coucy? Si Caracciolo y consent, le gouvernement s'engage à payer immédiatement tout l'arriéré de solde dû aux gens d'armes. Dans le cas contraire, l'envoyé offre de faire sortir, au moyen d'un sauf-conduit accordé par les Français, tous ceux qui voudront se réfugier dans Florence. Les habitants d'Arezzo qui se sont retirés dans le fortin supplient Caracciolo d'accepter, bien décidés, s'il refuse, à profiter du sauf-conduit. Les soldats de la garnison napolitaine, dont le nombre bien réduit ne s'élève plus qu'à 110 hommes valides, joignent leurs vives instances aux prières des habitants. La promesse de ces gages, sur lesquels ils ne comptaient presque plus, leur fait tout oublier : ils déclarent qu'ils sont résolus à abandonner leur capitaine plutôt que de prolonger une folle résistance.

Caracciolo n'a plus qu'à céder ; il nomme des mandataires qui négocient la reddition du fortin et, le 27 octobre, signent le traité qui le donne aux Florentins [1].

Rien ne s'oppose désormais à la conclusion d'un accord avec le sire de Coucy. Les plénipotentiaires français sont déjà désignés ; ce sont : Vital de Cays, Mathieu d'Humières, Charles de Hangest, chevaliers, et *Martinus de Bocha*. Le 30 octobre, toutes les autorités de la République nomment pour syndics et procureurs : Rinaldo di Giannozi de Gianfigliazzi, chevalier, Giovanni di Ruggiero de Ricci, docteur en droit, et Andrea di Nicolà Minerbetti, afin de recevoir d'Enguerrand, sire de Coucy,

1. Arch. de Toscane, *Capitoli del Comune di Firenze*, reg. VII, f°s 4 et 5 ; récit émané de Jacques Caracciolo, analysé au tome I, p. 377, des *Documenti degli Archivi Toscani*, Florence, 1866. — Même registre, f° 8, et même volume, p. 8, *Traité avec les Florentins*.

comte de Soissons et de Bedford, ou de ses représentants, la livraison de la cité d'Arezzo, de ses murs, forteresses, maisons, biens meubles et immeubles, des habitants, de tous les droits et privilèges, etc., et de lui payer ou faire payer, dans les délais qu'il voudra, toutes les sommes que les syndics jugeront raisonnable de lui accorder[1].

Avec une telle latitude laissée aux négociateurs, la discussion du traité demande à peine quelques jours, et la cession d'Arezzo est enfin conclue le 5 novembre dans le château de Laterina.

L'acte, rédigé par les représentants des deux parties, porte en substance qu'étant obligé de quitter Arezzo après l'avoir enlevée de vive force à Charles de Durazzo, mais ne voulant pas que la cité puisse, comme par le passé, fournir à l'adversaire du roi Louis des secours déjà promis, et, d'autre part, considérant qu'après le sac qu'elle vient de subir, la ville ne peut être placée sous un meilleur patronage, désireux d'ailleurs de reconnaître et de récompenser l'affection, dévotion et respect témoignés depuis longtemps par la République à l'illustre maison royale de France, Enguerrand de Coucy cède à perpétuité en toute propriété et de la manière la plus complète aux mandataires du gouvernement florentin la cité d'Arezzo, qu'il occupera toutefois jusqu'à ce que les commissaires en aient pris officiellement possession. Suivent quelques conditions particulières que voici : la ville et le territoire d'Arezzo ne fourniront plus aucun secours à Charles de Durazzo ; les Florentins resteront absolument neutres dans la guerre de la succession de Naples ; les Pietramala, leurs parents, amis et tous les Gibelins rentreront dans leurs libertés, franchises, privilèges et honneurs, recouvreront leurs biens confisqués et ne pourront être inquiétés pour les faits antérieurs ; chaque fois que les ambassadeurs du roi de France ou du roi Louis et de ses descendants devront aller dans le royaume de Naples, ils auront libre passage et trouveront, moyennant payement, les victuailles nécessaires sur le territoire de la République. Si le sire de Coucy veut retourner en France avec quatre ou cinq cents hommes d'armes, il pourra traverser le même territoire, aux mêmes conditions, pourvu qu'il prévienne deux jours d'avance. — Les deux parties se promettent de se

1. Arch. de Toscane, *Capitoli*, reg. VII, f°s 1 et 10. — *Documenti*, etc., t. I, *I Capitoli*, etc., p. 373.

respecter mutuellement et d'éviter tout trouble ou agression, en se réservant cependant le droit de défendre leurs alliés respectifs. Enfin, il est bien entendu que c'est de la manière la plus amicale et la plus honorable, et dans Arezzo même, que les Florentins traitent avec le sire de Coucy et ses compagnons [1].

De sommes à verser, de prix à payer, nulle mention, comme on le voit. C'est un acte de pure donation où Coucy ne songe qu'à sauvegarder les intérêts du parti angevin et de ses alliés gibelins.

Seulement, le même jour, par un second traité, les ambassadeurs de Florence, considéré les grandes dépenses que le sire de Coucy avait faites pour prendre et occuper la cité d'Arezzo, attendu qu'il a traversé le territoire de Florence et des villes alliées sans y causer de dommages et qu'il a l'intention d'agir de même en s'en retournant, lui promettent en don une somme de 40,000 florins d'or, dont 30,000 payables dans les sept jours de la ratification du présent traité, et les 10,000 autres à Bologne, Pise ou Florence, selon le désir de Coucy, dans les quinze jours qui suivront l'évacuation d'Arezzo. Il est convenu qu'après le premier payement la ville sera remise en toute liberté au gouvernement florentin et à ses syndics, et de plus que l'on n'y commettra aucun dommage par le vol ou l'incendie. Toutefois les Français auront la faculté d'enlever d'Arezzo tout ce qu'ils pourront porter sur eux au jour de leur départ [2].

Toujours la même préoccupation de sauver les apparences, de dissimuler la nature des transactions. On reconnaît la politique des hommes d'état florentins qui, tout en donnant satisfaction à l'amour-propre du sire de Coucy, arrivent à empêcher les revendications possibles du roi Charles III, en ne laissant voir dans l'acquisition d'Arezzo qu'une pure gracieuseté faite au nom du roi de France Charles VI.

La plus vive joie accueillit en Toscane la conclusion du traité, et des fêtes populaires furent organisées à Florence pour célébrer l'heureuse issue d'événements qui avaient d'abord si fort compromis la tranquillité publique [3]. Devant la réalisation d'un de

1. Arch. de Toscane, *Capitoli del Comune di Firenze*, reg. VII, f° 1 v°, analysé au tome I des *Documenti degli Archivi Toscani*, p. 373.

2. Arch. de Toscane, même registre, f°s 2 v° et 13 v°. — *Documenti*, etc., t. I, p. 375.

3. P. Farulli, *Annali di Arezzo*, p. 82.

leurs plus chers désirs, les hommes d'état et les citoyens oubliaient presque leurs émotions passées et même les dépenses énormes qu'entraînait leur acquisition, tant pour les sommes versées au sire de Coucy que pour les frais d'armement et de levée de troupes. Toutefois ils ne négligèrent pas de tenter un dernier effort pour sauvegarder leurs intérêts, et, afin d'amoindrir le chiffre de ces dépenses, essayèrent d'en rejeter une partie sur le pape Urbain VI, en lui demandant de venir à leur aide au moyen d'un subside levé sur toute la chrétienté. La lettre qu'on lui écrivit à ce sujet est du 8 novembre, postérieure par conséquent de trois jours à la conclusion du traité ; mais on se garda bien de souffler mot de cet événement pour n'insister que sur la réunion d'une armée de 2,000 lances et le service rendu à la cause du pontife en sauvant ainsi Pérouse que sa faiblesse aurait fatalement livrée au capitaine français allié des Gibelins et partisan de Clément VII[1].

Bien que leurs droits eussent été expressément réservés dans l'acte de traité, les Pietramala et les Gibelins, qui avaient cru redevenir les maîtres absolus dans la cité conquise, furent exaspérés de ce qu'ils appelaient la trahison de leur ancien allié. Ils n'osèrent pas aller dans leur colère jusqu'à entrer en lutte ouverte avec le capitaine dont ils connaissaient trop l'énergie ; mais l'un d'eux, Barthélemy de Pietramala, profita des premiers mouvements de retraite des troupes françaises pour attirer dans un guet-apens les fourrageurs chargés de les ravitailler et pour assassiner lâchement, en même temps qu'eux, deux jeunes officiers.

Par un retour singulier mais logique en somme, ce fut aux Florentins que le sire de Coucy s'adressa pour demander, en ces termes, le châtiment de ceux qui naguère encore combattaient à ses côtés :

Magnifici amici karissimi nostri,

Veniendo de Aretio ad villas istas illorum de Petramala, cum nostro exercitu, gentes Bartolomei de Petramala nobis gentibusque nostris multa et diversa damna intulere et, quod deterius est, dum per gentes ipsas nostras ad ejus terram Anglarie[2] suos destinarent nuntios[3], causa ibidem victualia emendi necessaria, conducebantur certi ipsorum nuntii per aliquos hominum ipsius terre intus eorum

1. Arch. de Toscane. Signori, etc., n° 20, f° 35 v°.
2. Anghiari, près d'Arezzo.
3. Textuel, sans doute pour : « dum gentes ipse nostre... destinarent. »

domos, ipsis victualia obtulendo et postea ipsos morti tradidebant. De quo siquidem vehementer sumus perturbati et maxime propter mortem duorum notabilium virorum iterum in juventute existentium. Quocirca amicitiam vestram rogamus attente quatinus contra ipsum Bartolomeum et gentes suas taliter velitis irruere quod aperte videat et cognoscat quod premissa contra nos perpetrata vobis ad immensam cedunt displicentiam et cognoscat quod amicitia inter vos et nos extitit vallata et firmata.

Datum in valli Anglarie XVIII novembris[1].

A quoi la Seigneurie devait répondre qu'elle était toute prête à venger le sire de Coucy..... si du moins celui-ci s'engageait à attaquer simultanément les quarante châteaux appartenant aux Pietramala, afin de les mettre dans l'impossibilité de se secourir les uns les autres. Sa réponse, datée du 3 novembre, est un exemple de cet abus d'esprit et de jeux de mots qui régnait alors, même dans les pièces diplomatiques.

Domino de Conciaco.

Illustris et magnifice Domine, frater et amice karissime,

Recepimus litteras vestras quibus illatas vobis et gentibus vestris injurias per Bartolomeum de Petramala subditosque suos nobiscum amicabiliter recensetis. De quibus tanquam de nostris propriis offensionibus condolemus. Verumtamen non est nova nobis hujus extinguende familie iniquitas perfida et iniqua perfidies. Tales se semper omnes solent omnibus exhibere. Sub mellifluo lepore verborum, insidias struunt, cunctis nocent, fidem rumpunt et dum aliquid rapiant, nec Deum curant, nec coram hominibus erubescunt; ut vera non immerito duo nomina fuerunt eisdem a majoribus attributa. Vetustiori quidem vocabulo *Tarlati* vulgariter appellantur; quo nomine putrefacta carie ligna terebrisque corrosa juxta nostram consuetudinem vocitamus : ut isto nomine detur intelligi, licet extrinsecus appareant incorrupti, quales soleant in occultis operum penetralibus reperiri. Moderniori vero nomine *de Petramala* dicuntur : vere quidem *de Petra*, hoc est duritie et obstinatione malorum. Genus enim istud detestabile, semper dolis et offensionibus intentum, nulli servit nisi forsitan ut decipiat vel aliis offerat nocumen-

1. Arch. de Toscane. Signori, Carteggio, Missive, reg. I, Cancell., n° 20, f° 39, avec cette mention en tête de la lettre : *Copia litterarum transmissarum per dominum de Conciaco ad dominos Florentinos.*

tum; nulli servit nisi forte pervertis; nulli servit nisi majorem potentiam vereatur. Hii sunt turbatores pacis, insidiatores viarum, mercatorum spoliatores, peregrinorum homicide et infames latronum principes et fautores. Non ergo miretur vestra Sublimitas si tales fructus ex ipsorum amicitia reportatis. Ceterum ad ultionem tanti facinoris letis animis surgeremus, verumtamen si solum unum aggredimen vires ipsorum omnium ad defensionem protinus unierit. Quadraginta et amplius castra tirannide sua premunt, castra quidem expugnari difficilia, de quibusque, cum viceris, pro periculis atque labore nullum aut parvissimum victorie premium relinquetur. Ut igitur genus hoc perfidum opprimatur, oportet simul omnes invadi. Quod si fiat, non poterunt unus alteri fore subsidio. Ut sic, quia vinci non poterunt singuli, superabuntur insimul universi. Nec putet vestra Sinceritas Marcum et alios illis offensionibus non favisse. Qui, si vester felix exercitus apud suas terras forsitan divertisset, tanto plus accepisset injurie quanto minus offendicula timuisset. Nec jam deficit nobis contra Marcum justissima causa belli, quia jam post discessum vestrum nuntios nostros cepit, stratas invasit et jam cuncta bellatim perturbavit. Quocirca, ut ulciscamur mortes vestrorum contra ipsum Bartolomeum et fautores suos, collatis undique nostris viribus, taliter providebimus quod de hoc rem gratam vestris sensibus audietis, omnibus in exemplum ut non audeant Francorum exercitus, quantum se potest extendere nostra potentia, per offensionem ulterius provocare.

Datum Florentie die XXIIII novembris, VIII indictione MCCCLXXXIIII [1].

Ni le mécontentement des Pietramala, ni les offres d'argent faites par les Gibelins afin d'amener les Français à violer les engagements qui venaient d'être pris, n'arrêtèrent l'entière et rapide exécution du traité. Le sire de Coucy l'a ratifié par serment dès le lendemain de sa conclusion [2]; on le modifie pourtant encore le 17, d'une façon très légère, sur quelques points de détail, comme l'adjonction d'une clause pénale de 100,000 florins [3].

Le premier payement de 30,000 florins est intégralement effectué, moitié le 15, moitié le 17 novembre [4]. Le 18, Jacques

1. Arch. de Toscane. Signori, Carteggio, Missive, reg. I, Cancell., n° 20, f° 39 v°.
2. Arch. de Toscane, *Capitoli*, reg. VII, f°s 3 et 14, analysé au tome I des *Documenti*, p. 376.
3. Même registre, f° 3 v° et f° 14, et même volume, p. 377.
4. Même registre, f° 3 v° et f° 15, et même volume, p. 376.

Caracciolo jure personnellement d'exécuter la promesse de reddition du fortin faite par ses mandataires, à la condition d'être indemnisé des pertes subies lors de l'assaut et du pillage[1]. Enfin, le surlendemain 20 novembre, la ville est évacuée par les troupes du sire de Coucy et solennellement remise aux trois ambassadeurs de la République florentine qui, en en prenant possession, publient une longue ordonnance pour régler dans tous ses détails l'administration future de la cité[2].

L'armée française accentue alors sa retraite déjà commencée depuis quatre ou cinq jours[3]. Elle se dirige d'abord vers Assise, sans doute afin d'éviter dans sa marche le territoire de la République que l'on tient à ménager[4]. D'Assise elle reprend, au commencement de décembre, la direction du nord, passe par la Marche d'Ancône et par Forli et arrive à Bologne où, le 25 décembre, on verse aux mandataires d'Enguerrand le reste de la somme promise[5]. Des corps de troupes sont laissés successivement dans les places où l'on a fait étape, tant pour servir d'arrière-garde que pour mieux affirmer l'apparence presque triomphale de ce retour vers les frontières[6]. Le sire de Coucy traverse ainsi toute la Lombardie, enseignes déployées, et rentre en France après avoir, seul peut-être parmi tous les capitaines du roi Louis d'Anjou, sauvé l'honneur de son drapeau, payé intégralement le montant des soldes promises et préservé de toute perte les gens d'armes dont le commandement lui avait été confié.

Quant à Charles de Durazzo, les Florentins avaient si habilement pris toutes leurs précautions qu'il ne lui restait qu'à accepter les faits accomplis et à confirmer les engagements contractés par Caracciolo. Des réclamations eussent été non seulement inutiles, mais peut-être dangereuses. Le roi de Naples le comprit et

1. *Capitoli*, même registre, f°s 4-5, et même volume, p. 377.
2. Même registre, f°s 24 v° à 30 v°, et même volume, p. 380.
3. Voir plus haut la lettre du sire de Coucy.
4. Arch. de Toscane. Signori, Carteggio, Missive, reg. I, Cancell., n° 20, f° 38 v°, lettre de la République aux habitants de Pérouse, datée du 20 novembre.
5. Arch. de Toscane, *Capitoli*, reg. VII, f° 5 v° et f° 6, et *Documenti*, tome I, p. 387.
6. Arch. de Toscane. Signori, Carteggio, etc., n° 20, f° 41, lettre de la République aux Bolonais du 2 décembre.

abandonna de bonne grâce aux Florentins l'entière propriété d'Arezzo qui dès lors resta pour jamais réunie au domaine de la République.

Telle est dans ses détails l'expédition d'Enguerrand VII, sire de Coucy, en Italie pendant l'année 1384. Son résultat immédiat paraît fort peu considérable, puisqu'il se borne en somme à l'acquisition d'Arezzo par la République florentine. Aussi n'est-il pas étonnant que cet événement n'ait guère laissé de trace que chez les chroniqueurs ou les historiens locaux et que l'oubli ait presque complètement effacé dans la patrie du sire de Coucy le souvenir de cette brillante promenade d'une armée française à travers l'Italie.

Cependant, si l'on porte plus haut son attention, si l'on embrasse dans leur ensemble les relations de la France avec l'Italie pendant le règne de Charles VI, on se trouve conduit à accorder peut-être à cet épisode une plus grande importance qu'on ne l'eût d'abord soupçonné.

Les soldats d'Enguerrand, dont le nombre n'était pas très considérable même pour l'époque, ont vu presque tous les gouvernements de l'Italie ou s'incliner devant eux, ou se troubler à leur approche. Bernabo Visconti, qui gouverne une partie de la Lombardie, est venu les recevoir en personne à la porte de Milan ; la riche et puissante République de Florence leur a envoyé des ambassadeurs pour les saluer et pour les prier humblement de respecter ses états; plus tard, elle a traité avec eux d'égal à égal. Il leur a suffi de se rendre maîtres d'une petite place pour que tout le pays soit en émoi, que la sécurité générale paraisse menacée et que l'on cherche à organiser une véritable résistance nationale, en y faisant participer toutes les puissances de la Péninsule, à commencer par le pape et le roi de Naples.

Quel sentiment de leur supériorité n'ont pas dû remporter en France ces capitaines et ces hommes d'armes dont le seul passage avait causé de telles alarmes? N'est-il pas permis de croire que leurs récits durent exciter bien des convoitises, faire naître bien des idées de conquêtes et de joyeuses chevauchées dans les plaines de Lombardie ou à travers les montagnes de Toscane? L'or qu'ils rapportaient, les témoignages apparents de respect et de considération qu'on leur avait prodigués suffisaient amplement à jeter un voile sur la malheureuse issue de la tentative dirigée par le fils adoptif de la reine Jeanne.

Toujours est-il que quelques années à peine se sont écoulées depuis la prise d'Arezzo et que déjà les troupes françaises repassent les frontières du sud-est. Cette fois il ne s'agit plus seulement d'aller dans le royaume de Naples appuyer les prétentions d'un duc d'Anjou. Les questions agitées sont d'un ordre plus élevé et intéressent très directement la France entière. On assiste alors au développement d'une suite de négociations et d'opérations militaires, dans lesquelles Enguerrand de Coucy joue, comme intermédiaire, comme diplomate ou même comme général, un rôle capital : toutes se rapportent à des projets extrêmement remarquables, mais que leur défaut d'exécution a souvent laissés presque tout à fait ignorés.

C'est d'abord le mariage du frère de Charles VI avec la fille de Jean Galéas Visconti, seigneur de Milan, mariage qui met déjà les Français sur l'autre versant des montagnes ; puis, en 1393, une hardie proposition de tailler dans les états de l'Eglise un vaste royaume pour ce prince, avec Bologne comme capitale ; bientôt enfin le plan, qui est pour la première fois repris sérieusement depuis les Carlovingiens, de faire des conquêtes en Italie au profit de la couronne elle-même et d'étendre au-delà des Alpes les limites politiques de la France, au lieu de chercher uniquement à y établir en souverains quelques princes du sang. Gênes se soumet à l'autorité des fleurs de lys en 1395, et il s'en faut de bien peu qu'en 1398 une armée royale n'aille s'emparer d'une partie de la Lombardie au nom de Charles VI [1].

Or, la réunion directe au royaume d'une portion de l'Italie, n'est-ce pas le principe même des grandes guerres qui jettent un

1. L'auteur prépare en ce moment un travail d'ensemble sur tous ces événements restés à peu près inconnus et dans lesquels on peut trouver, sinon l'origine indirecte, du moins la première idée des grandes guerres d'Italie qui éclateront cent ans plus tard.

si vif éclat dans nos annales à l'époque de la Renaissance? Une fois mis en discussion, ce principe ne cessera plus d'attirer la pensée de nos hommes d'état. C'est en se continuant à travers tout le xve siècle que ces projets encore mal définis, ces tentatives trop vite abandonnées vont préparer et amener insensiblement les expéditions de Charles VIII, de Louis XII et de François Ier ; mais leur point de départ remonte au règne de Charles VI, et la prise d'Arezzo en 1384, qui leur sert, on peut le dire, de prélude, semble déjà comme une lointaine annonce des victoires de Fornoue, d'Agnadel et de Marignan.

BIBLIOTHÈQUE NATIONALE R.F.

Imprimerie Daupeley-Gouverneur, à Nogent-le-Rotrou.

285

BIBLIOTHEQUE NATIONALE DE FRANCE
3 7531 00781162 4

www.ingramcontent.com/pod-product-compliance
Ingram Content Group UK Ltd.
Pitfield, Milton Keynes, MK11 3LW, UK
UKHW021023200726
13857UKWH00004B/1548

9 782011 925596